別對每件事都有反應

仕事も人間関係もうまくいく
放っておく力

Shunmyo Masuno 枡野俊明

前言 | PROLOGUE

工作與人際關係淡泊一點，活出快意的人生！

不受人際擺佈，就是擁有「放下力」的人。
這種人不會隨意在社群網站上與每個人交流，也不會像在監視朋友般頻頻傳訊息，更不會誹謗他人或反被中傷。
他們與人往來重質不重量，對於非特定多數陌生人的意見和言行，有辦法不予理會。

對工作態度積極，就是擁有「放下力」的人。
這種人不會立刻因別人的臉色而改變主意，也不在乎周遭的評語，更不隨著無用的知識情報任意起舞。
他們能自己分析思考，並做出判斷，進而採取行動，也十分擅長冷處理他人的言行舉止，以及沒必要的知識情報。

每天過得愉快，就是擁有「放下力」的人。
這種人不沉溺於過去的懊悔，也不莫名其妙去擔心尚未發生的未來，更不自討苦吃。
他們在面對「無能為力的事」、「無可挽回的事」、「已經結束的事」，很懂得如何乾脆放手。

* * *

世上有許多事光靠自己的力量是無法控制，例如：別人的事、過去的事、未來的事。將這些全都放下吧！別浪費自己的心力和能量，應該傾出全力在「此刻正在進行的事」，以及「現在能做的事」。

有句禪語叫做「放下著」；意指捨去一切的執著。換句話說，發揮「放下力」的生存態度，就是符合禪意的生活方式。

人生在世，不論是工作、人際關係，都存在著無法「放下」的無解問題。然而，如何判斷出「哪些應該放下？哪些不該放下？正是本書要探討的重點。

貧僧由衷期許本書能夠幫助各位「學習放下」，並活出更愉快、自在、健全的人生。

阿彌陀佛！

建功寺方丈　**枡野俊明**

目錄

第一章 別硬是要參一腳
人際關係更「淡泊」一點才好

- 001・扭轉人生的放下力。 — 014
- 002・保持安靜。 — 016
- 003・別試著想改變他人。 — 018
- 004・懂一半,剛剛好。 — 020
- 005・家人仍然是他人。 — 022
- 006・無法理解就選擇放下。 — 024
- 007・職場上,淡泊處事就好。 — 026
- 008・不孤立,也不結黨。 — 028
- 009・別老是看人臉色。 — 030
- 010・貫徹不插手原則。 — 032

011・豐富獨處的時光。────────034

012・辦不到的事情，就是辦不到。────036

013・隨緣。────────────────038

014・別老是計較得失。──────────040

015・別被社群網站利用。────────042

016・謙虛，謙虛，再謙虛。──────044

017・擴大「好心情圈圈」。──────046

018・不夾帶私心，不投入情感。───048

019・逝者已矣。──────────────050

020・告別昔日光環。──────────052

021・小心負面人。────────────054

別在意每件事
擺脫不安、焦慮、憤怒的方法

022・不懂就別想了。────────────058

023・成為健忘的人。──────────060

目錄

- 024・相處更輕鬆些。 —— 062
- 025・拿掉好人的面具。 —— 064
- 026・不去調查「平均值」。 —— 066
- 027・在乎輿論就輸了。 —— 068
- 028・正面看待自己與他人的不同。 —— 070
- 029・毀約是理所當然的。 —— 072
- 030・「意想不到」讓人生更有趣。 —— 074
- 031・不偽裝自己。 —— 076
- 032・要比就跟「昨天的自己」比。 —— 078
- 033・為人做過的事要立刻忘記。 —— 080
- 034・時時自我反省。 —— 082
- 035・感謝支持自己的人。 —— 084
- 036・別把「小差距」放在心上。 —— 086
- 037・成為說笑話的達人。 —— 088
- 038・停止後悔,而是進行檢驗。 —— 090
- 039・將「不使用的物品」處理掉。 —— 092
- 040・不是「丟掉」而是「放手」。 —— 094

第三章

別對每件事都有反應
停止磨耗心靈的練習

041・別把每件事都當真。 ── 098

042・偶而關上資訊的入口。 ── 100

043・面對資訊,嚴禁暴飲暴食。 ── 102

044・不要輕易動搖原則。 ── 104

045・堂堂正正回答「不知道」。 ── 106

046・別急、別急、別焦急。 ── 108

047・小心浪費。 ── 110

048・別雞婆。 ── 112

049・說話要謹慎。 ── 114

050・回答之前,先停一個呼吸。 ── 116

051・學習降速。 ── 118

052・別一直沉溺在悲傷裡。 ── 120

053・坦然承認「好就是好」。 ── 122

054・活得絕對自主。 ── 124

055・嘗試其他的看法。 ── 126

目錄

056・改掉老調重彈的毛病。 ——— 128

057・充分理解「每個人皆不同」。 ——— 130

058・別過度期待。 ——— 132

059・聚精會神於眼前的工作。 ——— 134

060・別人的苦衷有九成不關我的事。 ——— 136

061・別隨波逐流。 ——— 138

第四章 別白忙一場累壞自己
這樣思考才不會自討苦吃

062・盡量樂觀思考。 ——— 142

063・擺脫原地踏步。 ——— 144

064・貫徹自己的做事方式。 ——— 146

065・扮演好自己的角色。 ——— 148

066・每天製造小改變。 ——— 150

067・此時、此地、自己。 ——— 152

068・執著過去的人,將會失去未來。 ——— 154

069・工作也無常。————————156

070・別想著還有明天。——————158

071・擅長的事情，更要精益求精。——160

072・別為難自己，也別為難別人。——162

073・非關男女。————————164

074・學歷高不等於會做事。————166

075・晚上不做決策。——————168

076・別小看自己，也別高估自己。——170

077・遠離惡事。————————172

078・遠離爭寵。————————174

079・選項要再過濾。——————176

080・保護自己遠離「競爭疲勞」。——178

081・高前瞻力。————————180

別硬是要分出是非對錯
活出快意人生的祕訣

082・人生並沒有幸與不幸。————184

目錄

083・事物不分善惡。————————————186

084・自己的選擇,全部都正確。——————188

085・別理會「外野的聲音」。——————190

086・後悔只是妄想。——————————192

087・失敗不過是小擦傷。————————194

088・孜孜不倦的累積。—————————196

089・夢想不能「拿在手裡」,要「掛在高處」。——198

090・忙碌時,更需要喘口氣。——————200

091・正常人並不存在。—————————202

092・贏了也沒資格打壓對方。——————204

093・消除戰爭的火種。—————————206

094・「正論」無法說服人。————————208

095・退一步海闊天空。—————————210

096・人本來無一物。——————————212

097・自己的使命要問自己。———————214

098・活得自由自在。——————————216

099・盡人事。—————————————218

第一章

別硬是要參一腳

人際關係更「淡泊」一點才好

001

扭轉人生的放下力。

—— 現代人所需的生存技能 ——

第一章　別硬是要參一腳

現在的你才會懂得哪裡不同。

「放下」這個詞，似乎給人消極的印象，一般人多半會聯想到缺乏責任感。例如：半途而廢、該做的事扔在一旁不處理、對於不對的事視而不見、敷衍了事亂做一通等。

然而，這樣的印象可說對，也可說不對。前提是，如果「放下」真的符合前述種種行為，那麼，就不能算是好的行為。

這世上確實有許多事情「放下會更好」。尤其是生活在現代，面對太多資訊的干擾，社群網站的活絡也造成人際關係過於複雜，很難做到每件事情都花心思處理妥當。

因此，我們更需要學習「放下力」，而且這已堪稱是「生存能力」及「生活技能」了。必須懂得分辨「必須放下」與「不該放下」的事物，才能夠好好地活下去。

○○2

保持安靜。

—— 這是人際關係所需要的能力 ——

「貼心」與「雞婆」是兩回事。

假設有人正面臨煩惱，你會怎麼做？我認為做法分兩種：一種是對他說些打氣的話；另外一種是什麼也不說，什麼也不做，保持安靜。

遇到情況該如何對應，並沒有正確答案。不過，多數時候我會認為前者的做法是「雞婆」，後者則是「貼心」。

其實人在煩惱時，需要某些程度的「獨自煩惱時間」。若這時有人跟你說：「你○○這樣做」你○○那樣做」，或是鼓勵你：「打起精神來！」甚至邀你出門：「這種時候我們應該去喝一杯轉換心情。」相信你一定沒那個閒情逸致，只會覺得煩躁、感到困擾吧？

相反的，假如苦惱的人是自己的話，情況又會是如何呢？你應該也會在心中暗忖：「與其那麼愛多管閒事，更希望你能暫時安靜一點，讓我一個人冷靜冷靜！」

003

別試著想改變他人。

―― 我們能夠掌控的只有自己 ――

首先嘗試改變自己。

有時，我會聽到太太們向我吐露不算是煩惱，也算不上是苦水的事情。像是抱怨說：「我老公把東西拿出來用完，都不會放回原處。襪子脫了就亂丟，也不曉得要收拾。結婚幾十年了，不論我怎麼嘮叨，還是改不了。」

這時，我會回答：「持續抱怨了幾十年，我實在佩服太太您的毅力。不過，想要改變丈夫，原本就是不可能的。既然還是得自己動手收拾，我想，就把丈夫看作是不會整理的人；放棄改變他的念頭，反而能讓自己變得輕鬆。」

在意這些瑣事，只是在為難自己，讓自己的日子過不下去罷了。事情無關大小，這世上能順著自己意願發展的，真的沒多少。換言之，能夠改變成你的理想型的，就只有自己本身。

別人的事你控制不了，所以就放下吧！聚精會神在「如何改變自己」，才能夠讓一切更順利。只要自己改變，對方的態度也會軟化。

004

懂一半,剛剛好。

—— 懂得四成,甚至三成就夠了 ——

第一章　別硬是要參一腳

態度更淡然，反而更順利。

最近有愈來愈多人強烈希望「有人能懂自己的一切」。透過社群網站鉅細靡遺地描述自己做的事情，也是想望的表現之一。

跟一大群從來沒見過面的陌生人成為「網友」，或利用 LINE 等逐一報告彼此的近況，更是其中一種例子。不分日夜的往來通訊，也會被解讀成「對方時時刻刻都把我的事放在心上，這個人很了解我」。

面對這般懇切的心思，我實在不想潑冷水，但這世上並不存在「懂得我所有一切」的人。反之，你自己也不見得了解朋友的一切。

從現實的角度來看，身旁有幾個「對彼此的了解有五成」的朋友，已經是最理想的狀態。別說五成，能夠有四成，不，甚至三成的了解也就足夠。將非特定多數人當成密友的這種想法，本身就是「妄想」。

005

家人仍然是他人。

—— 以為能互相理解,反而造成了不和 ——

最重要的是，尊重彼此的生活方式。

有句俗諺：「血濃於水。」我們與血脈相連的家人的關係，或許比其他人更強烈。但是，這與「因為是家人，就算不說也能夠互相理解」又是兩回事。

家人也是獨立的個體，有自己的個性、喜好、價值觀、思考方式，也因此，不可能百分之百互相了解。愈是自以為明瞭一切，就會出現愈多勉強，反而導致不和。

家庭關係最重要的，是認清「即使是家人，也是另外一個獨立的人」。在這個前提下，互相尊重彼此的生活方式，不強迫對方接受自己的想法，尊重並接納對方的意見，以溫暖的視線站在一旁守護不出手干涉。

反言之，家庭關係中最糟的情況，就是當家人做出令人無法理解的行動時，你便不由分說地直接反對。表達自己的意見沒有不可以，但絕對不可忘記「家人也是他人」。

006

無法理解就選擇放下。

—— 夫婦相處圓滿最重要的祕訣 ——

無論如何都無法互相理解的話,那就這樣吧!

即使像夫妻這樣互相陪伴多年的關係,也不見得彼此了解,甚至還出現「熟年離婚(中年離婚)」這樣的風潮。

夫妻當然不可能百分百了解彼此,能夠有一半已算是萬幸。兩人在結婚之前,各自過著二、三十年完全不同的生活;若是同鄉或家庭環境類似,或是會有共同的嗜好興趣,但缺乏共通之處的前提之下,想要提高彼此的「理解率」,這簡直是癡人說夢。

到底怎麼做才能夠或多或少增加對彼此的熟悉呢?那就是,對雙方的喜好、價值觀、嗜好等互相妥協,並試著找出能夠共享的事物,並好好重視。若遇到無論如何都無法理解的事物時,也無須勉強自己配合,放下就好。

避免「熟年離婚」的關鍵,不在於提高互相熟諳的程度,而是慢慢增加能夠共享的事物。

007

職場上，淡泊處事就好。

—— 別無意識地過度介入 ——

讓工作的人際關係，發生在職場就好。

過去的職場環境，人際關係的連結向來緊密。比方說，過年三節前後都會禮貌性的問候往來，還有員工運動會、員工旅行等活動，以及喝酒聚餐等私人交流。

現在的年輕人或許厭惡且很想擺脫這種麻煩的人際關係吧？當然，像這樣的深厚往來方式，並非只有壞處，畢竟「吃同一鍋飯的夥伴」就是會比較團結。

然而，請牢記「在職場上，最好別介入他人的隱私」這個基本原則，人際關係才會更順遂。

尤其現在可說是「保持距離，以策安全」的時代，過度展現熱情，難保不會發生職權壓榨、精神暴力、性騷擾等問題。

此外，關於私人話題，不變的原則就是，對方想說的時候，你可以傾聽；但追根究底去挖人隱私，就是犯規。

不孤立,也不結黨。

—— 多數人既不是你的敵人,也不是盟友 ——

這正是最理想的人際關係。

人際關係中,最令人害怕的就是「孤立」。或許正是如此,人們才會渴望尋求盟友。而群體之間又有另外一種傾向,那就是「喜歡從盟友中找出敵人,並摧毀之」。

大多數的人際關係,原本就不存在敵人或盟友。有些場合需要合力面對;有時即使立場不同,彼此也不見得是敵人,而是互相切磋的關係。保持這樣的關係,才是最理想的狀態。

尤其必須留意的是,別把與自己意見或想法不同的人視為「敵人」。因為當你認定對方是仇敵的瞬間,就已失去正確的判斷力。假設你的敵人成功,你並不會坦然感到高興,而是嫉妒想去扯對方後腿;反之,當你的敵人失敗時,你就會嘲笑對方活該,變成器量狹小的人。

把對方重新定義為「競爭對手」吧!這樣你就會與多數人建立起互相切磋磨練、以成長為目標的關係,而不是敵我關係。

009

別老是看人臉色。

—— 這個舉動的背後是「卑微」——

總是大驚小怪的人,不值得信賴。

「我如果做這種事,對方會罵我吧?」
「我如果說這種話,對方會不開心吧?」
沒有人喜歡讓人不愉快,因此,時常站在對方的立場思考,並採取行動是很重要的。

只不過,這麼做若不是出自於體貼,而是害怕自己留給對方壞印象,那麼,我建議你最好別這麼做。「老是看人臉色」的這個舉動,其背後的意義是,「你卑微地想要配合對方」。

此外,需要看臉色的對象一多,如何相處、怎麼做出反應,更是得因人而異。假如面對十個人,而且想討好每個人,難道需要準備十個自己嗎?這樣一來,對於哪張臉才是自己真正的模樣,反而會愈來愈模糊,更容易造成對方的不信任。

面對每個人都以自己真實的模樣去應對,這才是建立真正互信關係的關鍵。

010

貫徹不插手原則。

—— 對孩子或對部屬都應該如此 ——

我懂你想幫忙,但你必須忍耐。

有些家長或許是看不慣孩子的行為或成績,老是提醒個沒完。同樣地,有些上司不忍看部屬的績效,也總是指示下個沒完。

這兩種情況或許都是出自於「期望對方成長」,然則,這樣做是無法培育出,「懂得自己動腦思考並採取行動」的孩子與部屬。

我懂你的心情,但這種時候你一定要忍住。別多嘴,安靜看著就好,也別插手。用這種方式面對孩子和部屬,他們才會成長。

當你判斷「再這樣下去事情會轉壞且有危險」時,當然能夠介入,並告訴對方:「你偏離方向了。」或是當對方找你商量時,你可以用「如果是我,我會這樣做」的形式提供建議,然後再度安靜退到一旁。

「多嘴」會造成開口的人和聆聽的人雙方都有壓力。上位者更應該要貫徹「安靜看,不插手」的原則。

011

豐富獨處的時光。

—— 與人往來，別只是為了排遣寂寞 ——

仿效僧侶獨處大自然的生活。

進入智慧型手機時代之後,人們變得更加無法忍受孤獨。或許是因為習慣隨口聊兩句,就像自己身邊總是有人陪伴著說話。從此,難以忍受獨處的寂寞,以及放空的悠閒時光。

有這種想法,真是太可惜了。因為「獨處」是一段很重要的時光。一個人能夠安靜地天馬行空思考,想著過去與未來、反省自己的行為、分析社會現象之中與自己有關的部份等。只要身邊有其他人在,就無法享受這般獨處。

日本自古以來就把「獨自生活在豐饒的大自然中」,視為最奢侈的享受。十二世紀的日本歌人暨僧侶西行的生活方式,更是最被欽羨的。

試著為自己安排一段「凝視自我」的獨處時間吧!唯有這樣奢侈的感悟,才能夠醞釀出更美好且妥善的生活方式。

012

辦不到的事情，就是辦不到。

—— 養成「拒絕力」 ——

千萬別成為「有求必應」的人。

當前輩或後進忙得不可開交時,幫幫他們是職場同僚之間理所當然的舉動。但自己若也忙到分身乏術時,就不見得需要伸出援手,可以先評估自己的工作量與期限,判斷有辦法應付再出手相助。

有些人很懂得如何開口「拒絕」,但每間公司確實存在著「不擅長拒絕」的人,這種人有時甚至會犧牲自己的工作去幫忙別人。

最麻煩的就是,你被當成了「有求必應」的人。職場中的其他人會以為「只要拜託,你絕對不會拒絕」,於是臉皮夠厚的人便會湊上來。而不懂婉拒的你將卡在一堆「別人拜託的工作」之中,煩惱著如何脫困。

有這種危機的人,請拋開「拒絕或許會被討厭」的想法。如果你因此沒做好自己的工作,也沒完成別人拜託的事,豈不是賠了夫人又折兵?因此,你只需要老實說出「辦不到的事情,就是辦不到」就好。

隨緣。

—— 這樣人生就會更順利 ——

第一章　別硬是要參一腳

減輕心靈負擔的思考方式與生活方式。

人際關係中經常提到「緣」這個字,不管是工作或日常瑣事,一切都與「緣」有關。我們只要「隨緣」行動,人生就能夠順利走下去。

相反地,當我們與某人、某事不合的時候,就是「無緣」。例如:無法考上的學校、應徵不上的公司、沒能簽約的企劃案、中途取消的工作、行程無法配合而不得不拒絕的提案、沒辦法與往來的對象更親密……

這些純粹只是因為「無緣」。若這樣去想,你的心情是否舒暢許多?心靈負擔是否減輕了?

當你逆緣行事,硬是要照自己的想法繼續蠻幹下去,註定會失敗。比方說,有一份收益很好的工作找上你,而你手頭上已經有其他工作了,這時,你應該要以此為優先,拒絕後面來的工作;因為僅以獲利高低來判斷是不對的。

唯有跟隨緣分,就必然不會出錯,人生也會更加順利。

014

別老是計較得失。

—— 考慮成敗只會導致進展不順利 ——

獻給經常以「二分法」思考的人。

好與壞、喜歡與討厭、有趣與無聊、簡單與困難、好評與負評等，舉凡需要抉擇「做或不做」時，人往往不自覺以「二分法」去思考。

尤其在工作上，在動手之前，你是否會直接考量到「能否提昇形象」、「對未來是否有幫助」，而計較其中的得失呢？

問題是，你計較的「得失」通常不會跟你設想的一樣。被認為「過於簡單且無聊，就算做到盡善盡美，也不會有正面加分效果，做了只是損失」的工作，你也不能否認有可能帶來莫大的機會。

相反地，算盤打得再精，認為「這很划算，順利的話，應該有機會調薪升職」的工作，也有可能讓你遇上一連串的麻煩。

重要的是，不管你接到什麼樣的工作，都要花點心思染上「屬於自己的色彩」。像這樣的小細節能夠給人好印象，也必定能帶來好結果。

015

別被社群網站利用。

—— 網路上充滿缺乏任何實質意義的爭論 ——

別忘了，社群僅是個工具。

現在是連一國總統、總理、首相都經常使用社群網站發表意見的時代，他們會在社群網站上發文，從日常瑣事到國家大事。就一個自由發表言論的舞臺來說，這是很完美的工具。

不過，大多時候這個便利的工具並沒有被善用，很多人反而是被利用。最危險的地方在於，大家彼此見不到面，發言就會欠考量。

這些都是沒有實質意義的爭論，最重要的是，請記得保持適度的距離，別像無頭蒼蠅一樣涉入其中。

此外，他人發布的資訊中，不免攙雜著許多惡意捏造的假消息，而這些無非是為了不合理地誹謗及重傷特定人士，或製造社會動亂。

因此，接收資訊的一方，必須有能力「看穿造假」，劃分清楚社群網站不過是溝通交流的工具，要懂得妥善使用。

016

謙虛,謙虛,再謙虛。

—— 停止「自我吹噓」——

不自覺就顯露「優越感」的人。

人與人在對話時，自吹自擂所佔的比例通常不低，因為人類是一種「愛炫耀的生物」。然而這麼做，或許也是為了表達「我希望獲得其他人的正面肯定」。

這種「炫耀毛病」更進一步升級，就會養成「毫無根據的自信」，認為自己比其他人更優秀、更有品味、更懂美食。

現代人習慣使用社群網站，所以不自覺顯露出「優越感」的人也愈來愈多。只不過，這種傾向往往對人的態度會十分獨斷獨行、自尊自大，反而容易招人怨恨。

首先，請先停止自我吹噓，並經常檢查自己的言行舉止，是否在不自覺間流露出自傲？當察覺到不對勁時，記得提醒自己「謙虛、謙虛、再謙虛」。

017

擴大「好心情圈圈」。

—— 更有技巧地稱讚他人 ——

快速學會「稱讚點」。

沒有人聽到稱讚會感到不悅,不管是多麼惹人厭的人,只要以稱讚開啟對話,有時也會在意想不到的情況下建立起良好關係,也因此彼此有了「好心情圈圈」。

話雖如此,該如何稱讚才是困難的。馬屁拍到馬腿上會破壞興致、顯而易見的客套話只會帶來壞印象。最難就在於,找出「稱讚點」,面對陌生的對象更是如此。

其中最容易取得的題材,就是衣服和隨身物品等,你可以簡單稱讚外在。例如:「今天領帶真好看,很適合你,在哪裡買的?」、「那種花樣的套裝我也喜歡,有灰底襯托更好看。」、「你的鞋子每次都擦得亮晶晶呢,很有男人味。」

避免聽起來像是討好,努力找出「值得讚美的點」,然後大方地稱讚。只要沒有錯得太離譜,「讚賞」必能發揮潤滑人際關係的功用。

018

不夾帶私心，
不投入情感。

—— 這就是跟「討厭鬼」和平共處的訣竅 ——

對討厭的點視而不見,也是一種方式。

在私人生活中,沒有人喜歡跟自己討厭的人往來吧?「沒有共識」就足以解釋這一切。

然而,比較傷腦筋的是工作上的往來,總不能任性地說:「我討厭他,不想跟他有牽扯。」問題在於,當你這麼想時,表情和態度也會反映出自己的心態,導致雙方無法好好相處。其實,與對方相處時,只要記住「這是為了工作能順利做出好成果」即可。

此外,想要與討厭的人和平共處還有個訣竅,就是不斷提醒自己,「不去看、不去聽」對方令人厭惡的部分。一看到或聽到對方做出惹人厭的言行舉止時,你要以「又來了」的態度輕鬆面對,別緊抓著不放,甚至可以換個話題,或是離開座位等。

你有許多能夠做的反應,總之,不夾帶私人情緒、不要投入感情,徹頭徹尾當作只是工作往來,應該就能夠和平共處。

019

逝者已矣。

—— 淡然目送即可 ——

人與人的相遇,就是「緣份天註定」。

一起工作的同事辭職離開公司、共同挺過嚴峻專案的夥伴退隊、經常小酌的搭檔調職去了遠方……,無論是何種形式,當那些與親朋好友共度的親密時光不再時,總會令人感到寂寞。而你或許還念念不忘,想要追尋離開的那些人的背影。

然而,禪宗說:「逝者已矣。」意思是,別受到離別的難過、寂寞所牽絆,要淡然目送之。嚴格來說,「不再往來」指的就是原本相連的「緣份」斷了,有時會重新接起,有時則是怎樣也切不斷的「孽緣」。

此外,與這個「逝者已矣」同樣重要的,是「來者可追」的態度。當兩個人產生共識時,便是有了重要的「緣份」,緣份無法人為控制,可以說只能「聽天由命」。因此,無須深究,只要記住「逝者已矣,來者可追」即可。

O2O

告別昔日光環。

—— 盡快進入下一個階段吧 ——

第一章　別硬是要參一腳

在適當時刻劃下「分界線」的方法。

不管是多長的上坡路,都有「到這裡為止」的停止點。而人生與工作也是如此,即使一切進行順利,也不可能永遠一帆風順,總會在某一點轉為下坡。

特別是在工作上,你必須要察覺那個「存在於某處的停止點」,何時會出現並選擇退場。否則,當能力逐漸衰退時,就只能緊抓「昔日光環」不放,沒有其他方式往前走。

為了避免發生這種情況,當以自己的努力達成目標,獲得所謂的成功之後,就應該把這個設定為「成功的臨界點」。

拋開「或許還能夠再撐一陣子」的不捨心態,提早退場,重新尋找新挑戰。請記住,「狀態最好的時候,正是退場的好時機,也是進入新階段的契機」。

O21

小心負面人。

—— 就算只聊應酬話,也有危險 ——

第一章　別硬是要參一腳

盡可能與「負能量」保持距離。

有不少人無法自己內化掉負面情緒，反而用來影響身邊其他人。比方說，大聲叫罵遷怒，使旁人不快；臭臉面對每個遇到的人，惹人討厭；不分對象抱怨，徒增別人困擾。

開口閉口都是否定意見，只會磨耗眾人的熱血。當遇到這類狀況，最好的做法，就是「別靠近會散發負面情緒的源頭」。

只不過，有些人採取的應對方式，是「把那個人說過的每句話、做過的每件事都當真也太累了，隨便說些應酬話就好」。然而，這種做法就跟什麼都不說一樣，自己仍會受到對方影響。應酬話講到最後，敵人會以為你是盟友，把你捲入更強烈的負面漩渦之中。

每當有人發散出負能量，你必須盡快察覺，並遠離對方。實質上的遠離，以「我去一下廁所」等藉口快速逃離，也是一種方法。

第二章

別在意每件事

擺脫不安、焦慮、憤怒的方法

022

不懂就別想了。

—— 別杞人憂天 ——

第二章　別在意每件事

等到問題發生了再處理就好。

不安的起源,多半是出自「想要弄懂無論如何都不可能理解的事情」的慾望,追根究底就是「對未來隱約感到不安」。

我們或許某些程度上可以預測未來,但現實是否真會變成那樣不得而知。就算收集再多資料、花費再多時間縝密思考,最厲害的占卜師講對或講錯的機率永遠各佔一半。

未來若有可能發生值得擔憂的事情,現在當然就必須做好準備;可是既然自己也不清楚會不會發生,擔心未來也無濟於事。

假如你有這種閒工夫杞人憂天,最好把所有能量投入在「眼前的事物」,聚精會神處理此刻能做的事,也有可能改變原本擔憂的未來。

現在就在擔心不曉得會有什麼狀況的未來,只是白費力氣,當現實生活真的出現問題時,再全力以赴即可。

023

成為健忘的人。

—— 有助於維護心理健康 ——

你的心是否也堆滿了垃圾？

世間有一種說法，認為「遺忘」是人類的自我防衛機制。的確，每天發生的各種討厭狀況，若全都記得的話，我們的心會被壓垮。

然而，正如常言有云：「好了傷疤忘了痛。」人類不管遇到什麼事，只要時間一久，就會忘記最初討厭的原因。

不過，遺忘瑣事還是要有限度，如果忘了自己不該忘記的事，甚至是用來提醒自己未來不該再犯的失敗，這並非好事。必須牢記的事情，與其從心中徹底抹去，更理想的做法是，收進記憶抽屜內，等到需要時再取出來使用。

若有什麼事情是你想要忘記卻不該忘的，就先徹底體驗過在那當下產生的厭惡情緒，等嚐夠了就收進記憶抽屜，然後徹底忘卻。

想要忘記的事情累積多了，就會變成「心靈垃圾」，請將之分類後扔進記憶抽屜，才能夠成為成長的材料。各位一定要做好垃圾分類。

024

相處更輕鬆些。

—— 與「他人的期待」保持些許距離 ——

安靜地完成自己應該做的事。

一聽到上司對你說:「我對你充滿期待」時,心態上,你就會覺得「我必須加油」。這樣雖然很好,但「呼應期待」有時會變成一種壓力,束縛住身心,奪走按照自己想法行動的自由。

一旦情況變成這樣,別說呼應期待了,會先感到焦慮,並且因遲遲做不出成果而飽受折磨。其實,「想要呼應期待」這個願望原本就不一定會實現,所以不需要這樣折騰自己。

應該以更輕鬆的態度面對,畢竟說穿了對你產生期待那是上司自己的問題,你這個人與他的期望無關,只需要安靜完成眼前的工作。

你努力的結果若正好符合上司的期待,那很好;如果沒有,那就記得「我下次要做得更好」即可。像這樣與「他人的期待」保持一點距離,當之間距離拉得愈遠,被迫背負的期待重量也會愈輕。

025

拿掉好人的面具。

—— 在遺失「真我」之前 ——

隨時隨地戴著面具十分地危險。

一旦戴上面具,就完全看不見面具底下是怎樣的臉、有什麼樣的表情了。從「隱藏本性」的角度來說,面具是非常方便的東西。

就算大壞蛋惡狠狠瞪著我們,只要他的面具是笑臉,外加聲音聽不出情緒的話,也可以看起來是「溫柔好人」。

現實生活中,就算不戴面具,你也可以隱藏自己的真面目與真心,以想用來示人的表情與言行舉止來待人。這也是戴面具的一種。

每個人都希望自己在他人眼中是好人,所以不自覺就會戴上「好人」面具。不過,整天戴著面具,久而久之,你會搞不清楚「真我」的想法與作為。

疫情爆發後,人與人無須實際面對面,也能透過社群網站交流。有愈來愈多人不以真面目示人,但這樣做十分危險,因為你過的並不是自己的人生,而是虛假人設的人生。

026

不去調查「平均值」。

—— 「比較」是最缺乏實質意義的事 ——

無論如何都想比較，就跟最巔峰的自己比。

與別人比較之後發現自己不如人時，你肯定很沮喪吧；相反地，當發現自己贏過別人時，就會有點開心。這就是人類會有的正常反應。

因為你希望「贏過別人」，所以低於平均值會感到不安，高於平均值就覺得放心。

然而，再沒有什麼比跟「平均值」做比較，更缺乏實質意義的事了。只要你的平均值不是精確測量自一萬人的價值，即使做盡各種比較，也無法定出優勝劣敗。

就算退一百步，讓你比較好了，請跟「狀態巔峰時的自己」相比，因為這樣才能夠成為成長的動力。

當自己現在的水準低於巔峰狀態時，就需要更加努力；水準超過巔峰狀態的話，就設下新標準。這樣才能夠創造出正向循環。

027

在乎輿論就輸了。

—— 別被統計資料給騙了 ——

平均值的生活方式，並不存在。

媒體幾乎每天都會發表各式各樣的統計數據，例如：不同世代、不同公司的年收入平均值、結婚年齡平均幾歲、購買自用住宅的平均年齡、不同世代的平均存款金額、退休後過小康生活需要的資金平均多少等。

或許有許多人想要知道這些平均值。問題是，這終究只是平均數據，就與「我的人生是否看起來比別人優秀」一樣，不該是你的生活指標，否則，不覺得很空虛嗎？

大膽承認「我的生活方式就是這樣，雖然不清楚是否符合平均值，但也沒有想要活得如此」。別在意世人眼光，遵從自己的價值觀，這樣才能夠活出自由快樂的人生。

事實上，「符合平均值的生活方式」這類東西根本就不存在，統計數據從某些角度來說，只是在煽動民眾朝著商人或政客想要的方向去消費或思考，請別被「統計魔術」給騙了。

028

正面看待自己
與他人的不同。

—— 這麼一來，就不會有自卑或驕矜自滿 ——

重視彼此的個性。

你是否從小就養成「比較」的習慣呢？這也難怪。每個人從懂事開始，就會被拿來與身邊的人做比較，像是比成績、比跑步速度、比雙手靈巧程度等。

我在前面提過「不要與人比較」，不過，有些人還是會不自覺就與別人相比。既然「自動思考」的能力如此強烈，那就請在比較之後，這樣告訴自己：「我不是在比優勝劣敗，而是在比對不同之處。他的那一點與我的完全不一樣，十分有意思。」

如此一來，你會發現自己也有他人所沒有的一面，進而找到樂趣，並體認到：「每個人都有自己的個性，最重要的是善用這一點」。能夠做到這樣，就不會因優勝劣敗而自卑或自滿。

「享受不同」也是使人際關係更好的智慧。

029

毀約是理所當然的。

—— 就用冷淡的態度面對 ——

第二章　別在意每件事

與其「斤斤計較」不如「泰然處之」。

「遭到背叛」可分成兩種情況。

第一種是毀約。比方說,「之前承諾過一定會遵守期限,現在卻什麼都還沒做,這是什麼狀況」,或是「說好下次聚餐一定會參加,卻又臨時說不去」都屬於這種情況。你相信對方會遵守約定,對方卻背叛了你的信任。

第二種是我方過度期待,得到的結果卻不如預期,這種情況或許會給人更強烈的背叛感。

不管是哪一種,「遭到背叛」都是萌生這種感覺的人自身的問題。以前面的例子來說,「雖然約好了,可是做不到我又能怎麼辦」、「就算對我充滿期待,可我做不到就是做不到啊」,當事人多半自認沒有違背的意圖。

這種時候最好以不拘小節的態度泰然面對,記住「毀約是正常的」、「沒能符合期待是自然的」,千萬別斤斤計較,才不會弄亂自己的心。

030

「意想不到」
讓人生更有趣。

—— 「嗯！也會有那種情況」這句話令人放鬆 ——

**就是因為會發生意想不到的情況，
人生才有意思。**

活著就會遇到許多事，而且全都是自己「意想不到的情況」。

經歷這些狀況時，雖然一開始全是出乎意料的事，久而久之，你就會累積相當的「經驗」，變得能夠從容應對，並以「嗯，也會有那種情況」的態度來接納。

以前的人常說：「上了年紀會變得圓滑世故。」這是因為累積各式各樣經驗後所得到的結果，也因此，不管遇到什麼狀況，你都能夠保持冷靜的態度。

人生在世就像上演一齣沒有劇本的舞台劇，也因為有一連串出人意料的情況，你才得以自由發揮並即興演出，而這也是樂趣之所在。

當有突如其來的狀況發生時，請先這樣告訴自己：「嗯，也會有那種情況。」像這樣的一句話，就足以讓自己放鬆。

031

不偽裝自己。

—— 小心機反而引人嘲笑 ——

第二章　別在意每件事

好好地直視真正的自己。

在社群網站的世界中,「偽裝自我」似乎是稀鬆平常的事。單單透過濾鏡技術,就足以把人變得不知道素顏是什麼模樣。

如果是現實生活中熟識的人,「偽裝」似乎也變成了一種遊戲。變臉還無妨,問題在於你下意識就會冒出「我想要讓自己更好看、想要別人稱讚我」的想法,於是發文總是「充滿謊言」,或是以小心機過度美化照片和影片。

然而,這種行為模式為何會構成問題呢?這是因為人只要持續偽裝,真實的自己就永遠沒有機會成長。也就是說,「不管自己再怎麼飾偽,內在還是沒有任何改變」。從某個角度來看,這樣就值得擔憂了。

因此,別再把精力耗費在那些事情上。為了不被旁人嘲笑而做的事,反而更引人嘲諷道:「那人超拚命在作假呢!」與其這樣,不如努力面對真實的內在,才能夠讓自己變得更好。

032

要比就跟
「昨天的自己」比。

—— 改變評判的主體 ——

別再以「別人的目光」當作行動標準。

關於偽裝，除了心態，還有一點就是掩飾作假時，往往是以「別人的目光」為標準；亦即決定所採取的行動時，比起「我自己怎麼看」，更重要的是「別人怎麼看」。

在社群網站分享希望別人羨慕、自豪的事物，想得到他人的「按讚」，這種現象短期能讓你感到愉快。然而，扭曲事實表現自我，得到的只有空虛而已。與現實的落差愈來愈大，最後終將無計可施或陷入低潮。

自己就是自己，別去看比自己更好或更壞的自己；別跟他人比較；別理會普世的價值觀。好好地看著「真實的自我」，也讓人瞧見就行了。

從今天起，把自我評判標準從「別人的目光」改成「昨天的自己」，接著找出「昨天做不到，今天卻做到了」的事。經過這樣的磨練，「真實的自我」一定會愈來愈好。

033

為人做過的事
要立刻忘記。

──「施恩」的念頭會糟蹋好意──

期待回報，只會等到痛苦。

幫助別人時，若擺出施恩的態度，就不值得敬佩。有句話就是在形容這種情況，希望各位銘記在心：「受恩刻石，懸情流水」。

自己想要為別人做事，而以親切態度去執行，不應該要求回報。「期待回報」便是自討苦吃，製造出「求之不得的痛苦」。

比如說，我們經常遇到「明明介紹了好工作給他，卻連一句謝謝都沒說，太令人不快了」、「明明自己一有困難就會哭出來，我遇到困難時卻假裝不知情，實在太自私了」等情況，假如你不希望體驗這些不愉快，為別人做的事最好做完就忘。

當你得到親切對待或好意幫忙時，別忘了道謝，然後在心中堅定地發誓：「別人有需要時，我也會幫忙」，並付諸實踐。珍惜與他人的緣份，就是這麼一回事。

034

時時自我反省。

—— 察覺是否又只顧自己了 ——

找尋雙方都滿意的路。

在看過各國領袖的言行舉止後，或許會感到心情低落，並認為「世界和平仍然只是一場夢」，這是因為每個人都只想到「以自己的國家利益為優先」。

為自己的國家爭取好處，才是政治家應有的作為，更是天經地義。但如果政客的追求僅止於此，世界將會陷入「互鬥」的危險。既然各國之間的關係唇亡齒寒，就得認清「別國有事，我國也會有事」的道理，找出雙贏之路，才能夠實現世界和平的理想。

這種想法，正是佛教講的「中庸之道」。這道理套用在個人身上也一樣；即使立場不同而有不一樣的追求，只要彼此讓步並「分攤損失」，就能夠找出雙贏的解決方案。

遺憾的是，近年來愈來愈多人過度強調「以自我為優先」。在責怪別人只顧自己之前，請先想想你又是如何呢？當察覺出自己也是只顧自身利益時，人際關係才能夠獲得改善。

035

感謝支持自己的人。

—— 自身的力量不足掛齒 ——

任何工作背後都有無名英雄。

無論哪種行業，都有部分工作是需要一個人執行。以推銷員為例，他們要獨自一人拜訪客戶、簽約。另外，還有一些工作，如果拿掉企劃書、提案書、報告書、會議紀錄、議事錄、簡報投影片等各種文書的撰寫、擬定等步驟的話，的確也是「一個人執行」的工作內容。

然而，工作幾乎都不是在「一個人執行」的關卡就結束，還會有準備簡報的人與檢查的人、進行文書提案的人等許多團隊成員的存在，工作才得以完成。

從這個角度來看，獨自一人執行的部份根本不值得一提，但卻還是有人特別喜歡對此強調自己的能力與付出，「那項工作是我做的」、「那是我努力的結果」，這種行為實在很可悲。

別忘了，不管任何工作都需要有旁人的協助，或是客戶願意接受條件下訂單，才能夠成立。他們都是在支撐「一個人執行」的背後無名英雄，我們必須對他們表達感謝。

036

別把「小差距」
放在心上。

—— 不過就是「矮子裡選將軍」——

不如把「大差距」當成努力的目標。

年齡差距小的上司與部屬，似乎更容易處不好，因為雙方會把彼此視為對手。上司認為「我豈能輸給你」，而部屬也會有「少拿上司的氣焰來壓我」的念頭。

倘若年齡差距有十歲、二十歲的話，將彼此視為對手的可能性就會降低。上司會抱著「我還贏你很多」的從容自在，部屬也會覺得「贏不了」而對上司懷抱敬意。

從工作知識、技能、位階等來看也一樣的，「小差距」容易造成更強烈的「不服輸」意識，人們不自覺就會注意到差距的存在。然而，一旦差距變得更大，反而會產生「反正贏不了」的想法而不再糾結。

事實上，應該要反向思考：「小差距何須掛意？」這根本就是「矮子裡選將軍」，用不著放在心上。更需要在意的是「大差距」才對，並將之當成目標，就能夠敦促自己努力達成。

037

成為說笑話的達人。

—— 關鍵在「熟成」——

人生大多數的事情，都能夠一笑置之。

痛苦、難受、後悔、悲傷、失敗……在閒聊時提到這些事情，往往會讓聽者心情沉重，然則也有人很擅長將感傷的話題當成笑話來陳述。有些時候，事情發生當下的負面感受，若能以玩笑話的方式說出來，內心會輕鬆許多。

不過，才剛發生的心理創傷，就將這些當成笑話來講，實則困難。就算你能辦到，聽到的人可能非但笑不出來，還會心生厭惡暗忖道：「這人是把災難當成玩笑嗎？真是學不會教訓。」

最重要的是，你必須在壞事發生後的幾天之內，徹底品嚐那些負面情緒，並讓它「熟成」。能夠辦到的話，那些痛苦的過去才會像葡萄酒一樣，轉化為醇厚滋味。減少太過新鮮的血腥感，就更容易轉變成輕鬆的玩笑。

不管遇到什麼壞事，只要能夠以說笑的方式講出來，負面情緒就不會繼續為難你。人生呢！大多數的事情都能夠一笑置之。

038

停止後悔，
而是進行檢驗。

—— 失敗的最佳善用法 ——

看過程，別只看結果。

負面情緒的發生，多半與過去的失敗經驗有關。「當初如果我沒有那樣做就好了、沒有那樣說就好了」、「真希望我當時沒有做出這種決定」、「要是我沒有選擇這條路該有多好」。

即使明白已經發生的事，不是用橡皮擦就能抹消，但每每提起那些事，仍然感到後悔，而且這種情況經常會發生。

其實最重要的是，自己的思考方向必須從「後悔」，轉換成「檢驗」。

「啊！我做錯了，到底是哪裡出錯呢？好，我重新檢視整個過程。」在你這樣想的瞬間，就能夠把「過去的失敗」變成「避免未來失敗的基石」。這麼一來，便能善待懊悔的過去。

039

將「不使用的物品」處理掉。

—— 丟東西能夠減輕心靈負擔 ——

第二章　別在意每件事

用不到的東西,就像是過多的中性脂肪。

為了避免 COVID-19 疫情擴大,人們每天都過著居家自主管理的生活,也有不少人因此大刀闊斧清理出家中不需要的物品。這樣很好,也算是一種「不幸中的大幸」。

清理時,你或許會覺得浪費,但絕對不能妥協。家裡被愈來愈多派不上用場的物品填滿時,人的心靈也會愈發沉重,就像會造成身體不適、危害健康的中性脂肪。

以衣服來說,整理時可以分成三類:「最近這三年一次都沒穿過」、「最近這三年只穿過一兩次,但不是很喜歡」、「很少有機會穿,但很喜歡」。如果屬於前兩者,哪怕價格很貴或某一天會穿到,最好全都清理掉,光是像這樣也能夠減輕心靈的壓力。

040

不是「丟掉」而是「放手」。

—— 賦予物品新生命的小訣竅 ——

「丟掉」與「放手」有著微妙的差異。

丟掉太浪費，但如果不丟掉，只是收著不用，兩者之間也沒有什麼太大的差別。因為從「物品生命」的角度來看，「丟掉」和「收著不用」都跟「死了」沒兩樣。

那麼，「放手」又是什麼意思呢？是指離開自己的手，交到需要的人手裡，這樣一來，物品的生命便能續命。

因此，試著將用不到的物品，拿去跳蚤市場賣，也可以捐出去，或是送給親朋好友。想要挽救「物品生命」，我認為「放手」是最好的做法。

這麼一來，你能夠減少「丟掉」的罪惡感，而用不到的成堆物品從家裡消失，更能減輕自己的心靈負擔，可謂一舉兩得。

第三章

別對每件事都有反應

停止磨耗心靈的練習

041

別把每件事都當真。

—— 與神經大條者的相處方式 ——

一想到這人會有什麼打算,就坐立難安。

人與人的話語中,經常含有「非字面」的意思,叫人忍不住想探究其背後的真意。「他說這句話是有什麼言外之意嗎?」、「他這麼說是有什麼打算?」

那句話的真正含意是什麼?我相信從對方的表情和語氣都可覺察到。就算沒有說出口,臉色和音調也能反映出內心的狀態,因此,懂得判讀這些部份很重要。

其實,這世上有不少人說話並無太深奧的旨趣,只是想到什麼就說什麼,也因此,不在乎會傷到人。這樣的人通常被稱為「神經大條」。

這種人說的話就不必當真,畢竟以不負責的心態隨口說出的無心話語,本來就沒有任何意義,當真也只是白費力氣。

042

偶而關上資訊的入口。

—— 保持內心安穩的必要習慣 ——

眼睛和耳朵停止隨時隨地接收資訊。

你會看到不想看到、不需要看到的事物；你會聽到不想聽到、不需要聽到的事物；你會知道不想知道、不需要知道的事物。然後，緊接著做出「反應」。

這其實是資訊社會其中的一個面向，或許你認為能夠大範圍、大量獲得資訊是好事，但也要看程度的多寡。

如果塞滿我們眼耳的消息全都是正確的，也是工作或人生所必須，那就無妨。問題在於，大多數並非如此，當中有不少是需要質疑真偽，或是對自己來說可有可無，更至只會造成不安的消息。

既然如此，我們就沒有必要拚命收集那些散播在社會上的情報。而基於這樣的考量，建議偶而閉上吸收資訊的眼睛、遮住耳朵；只要養成這個習慣，心靈就能得到安穩寧靜。

043

面對資訊,
嚴禁暴飲暴食。

—— 與資訊也要維持「社交距離」 ——

現代人不可或缺的生活風格。

在這時代，資訊是以「機關槍掃射」的氣勢影響無數人。一旦鬆懈，與你毫無關係也非必要的訊息，就會猶如排山倒海般將你淹沒。

在 COVID-19 疫情的影響下，人與人之間的社交距離，成為討論的新話題。然而，現代人反而應該要與資訊保持更遠的距離才妥當。

在日常生活中，我們正面臨著無差別的「資訊攻擊」，也不管需不需要、重不重要，人們往往不自覺地囫圇吞棗，無端浪費許多寶貴的時間與精力。

想要的情報、需要的信息，都應該自己主動去探尋。而人與資訊之間，就是要保持著恰到好處的「社交距離」。

044

不要輕易動搖原則。

—— 傾聽他人意見時的不變原則 ——

為什麼會受到其他人的價值觀影響？

有很多人時常對情況還不了解，就擅自開口干涉他人的行動。這種人究竟只是太過親切，或是內心希望別人按照他們的想法行事？

不管是哪一種，總之，都不值得我們分神去關注。倘若別人說什麼都照單全收的話，就算有再多分身也不夠用，到時你會心亂如麻且毫無頭緒，無法決定接下來的行動。

為了避免這種情況發生，在傾聽他人意見與見解之前，必須先整理出自己的價值觀。「我的目的是○○，將此當成最重要的課題去執行」，以這樣建立出「不動搖的軸心」。

聆聽完旁人的意見與想法，並謝過眾人的親切之後，暫且先擱置於心中。這樣就不會受到別人的價值觀影響，進而客觀地把那些正面建議納入參考。

045

堂堂正正回答「不知道」。

—— 被嫌落伍也無妨 ——

你想知道，我就告訴你，就是這麼簡單。

當資訊豐富且取得容易時，我們往往會想要炫耀自己學富五車。

多數人炫耀的都是資訊的「量」，然則，自從社群網站愈來愈被人們依賴之後，炫耀資訊「量」的習慣，更是變本加厲，甚至已經影響到看發文的人。

在社群網站的交流往來對話中看到某個哏時，假如能夠立刻反應「啊，這我知道！」也就罷了；若看不懂，就會莫名感到與這裡格格不入，甚至被反問：「什麼？你怎麼會不知道？」時，還會覺得自己遭到世界排擠了。

其實，只要堂堂正正說出「不知道」就好，不用鬧彆扭或覺得丟臉，就能夠鬆易躲開，來自四面八方的「你知道這個嗎？」攻擊。

想知道時，就去請教別人，不想知道也無所謂，聽聽就算了。這也是與資訊之間保持的「社交距離」。

別急、別急、別焦急!

—— 穩定心靈的簡單咒語 ——

即使是和尚，也會發脾氣。

每個人都有血液瞬間衝上腦袋的憤怒時刻、遭人侮辱而自尊心受創的時刻，或因為自己沒做過的事情而挨罵的時刻……這種時候你應該很想罵髒話吧！

不過，朝對方發火並不能解決任何問題，找傷害自己的沒禮貌傢伙上擂台打一頓，也只會感到空虛。

在此，教各位一個「三秒鐘平息怒火」的方法，只要把以下咒語複誦三遍就行了。
「感謝，感謝，十分感謝！」
「別急，別急，別焦急！」
「等一下，等一下，再等一下！」
「沒關係，沒關係，我不要緊！」

這是我向故板橋興宗禪師請益的。和尚固然也會生氣，但不會任由火氣無止盡攀升，我們會記得踩煞車。

047

小心浪費。

———「不做也無妨」的事情竟有這麼多 ———

精簡工作與作業流程。

新冠疫情奪走了我們「習以為常的日常生活」。但另一方面，它也讓我們看到了「覺得太理所當然而沒注意到，現代社會中的浪費」。

簡單的說，就是使我們察覺到，自己浪費太多時間在「不做也無所謂、沒什麼價值的工作與作業流程」當中。

例如，各位試過在家工作、遠距工作之後，有什麼感想？「我沒想到原來必須開的會議、商談等其實很少」、「部分原本必須面對面進行的工作，其實可以遠距處理」、「通勤方式有改善的空間」諸如此類。

相信大家都有各式各樣的新發現，一言以蔽之，就是「能夠分出重要的工作，與不做也無妨的工作」。

何不趁著這個時候，逐漸放掉「不做也無妨」或「可以大幅降低頻率」的流程？消除浪費才能增加更多時間，用在真正重要的事物上。

048

別雞婆。

—— 行動要更有目的 ——

你是否也「多管閒事」或「輕率答應」？

「對你來說，最重要的事物是什麼？」
「單憑自己的力量，極限在哪裡？」
如果你沒有謹慎面對這兩個問題，就很容易插手去管別人的閒事。

在工作上，你會不考慮優先順序，做著「現在不做也沒關係」的事；或是明明有自己該做的事情，卻沒必要地跑去插手別人的職分；甚至輕率地答應自己能力無法處理的任務。

在人際關係上，會針對明明與自己無關的麻煩發表意見，導致情況更複雜；或是沒人拜託你干預，卻多事地擅自出面處理。

做這些事情，不僅時間再多也不夠用，還會消耗身心靈。

其實，只要告訴自己，對你來說不重要的事情，就是「怎樣都好的事情」；而你辦不到的事情，就是「做了也無力回天的事情」。這樣劃分之後，行動才能夠更有目的性。

049

說話要謹慎。

—— 這才是聰明人的態度 ——

佯裝知情或一知半解，會引發網路論戰。

隨便轉述從別人那裡聽來的話、電視上看到的消息、社群網站上熱烈討論的話題等半吊子的情報，並不值得效法。

這種舉動也等於是插手別人的問題、聽信未經證實的傳言，然後不當成一回事地到處說，甚至明明一知半解，還提出了自己的理論。

做出這種行為之前，應該要更加謹慎。不負責任的言論，只會使人更混亂恐懼，而你的判斷力也會在「一知半解的資訊」操弄下支離破碎。這就是「網路論戰」的亂源。

尤其談到工作與家庭問題時，必須格外謹慎。倘若沒有精確消息，也非自己熟知的內情，就切莫大肆發表大意見，否則很有可能造成無法挽回的下場。

話語有相當的影響力，因此，發言必須謹慎小心，這才是聰明人的態度。

050

回答之前,
先停一個呼吸。

—— 「即問即答」太危險 ——

**不愉快的電子郵件往來對罵，
常因「欠考量」而發生。**

不曉得從何時開始，人們溝通的主流，已變成透過電子郵件等「用文字表達」的方式。隨時隨地都能夠以文字交流，這種便利性已經讓人無法回到原始的溝通方式。

既然方便就儘管使用，只是收到訊息時必須留意一件事——別立刻就回覆。開心的訊息當然是盡早回覆較好，但如果對方談的事情令人不快，最好先暫停一個呼吸再回。

因為放任不愉快、憤怒、後悔等負面情緒張牙舞爪，在回覆時自然就會欠缺考量。當然，收到訊息的一方也不會高興，最後可能演變成相互漫罵的口舌之爭。

回覆的訊息一旦送出就無法取消，因此「先停一個呼吸」是很重要的。利用這種方式將壞情緒置於心底，不要讓它上升到腦袋，便能防止壞情緒的惡性循環。

051

學習降速。

—— 究竟急著要去哪兒？ ——

不可能每件事情都十萬火急。

在年輕世代的主導下，智慧型手機的聯絡方式逐漸走向以「通訊軟體」為主。大叔世代會說「有事情打電話就好」；但年輕人不同，他們認為傳照片或影片等，比傳送文字更加有趣，近年更在銀髮族之間逐漸普及。

在這股潮流的影響下，「快速回覆」就成了當務之急。人們開始陷入無時無刻都無法離開智慧型手機的困境，如果只是打招呼問候還好，有些訊息內容會令人氣憤、火大、煩躁，甚至難以保持心靈平靜。

曾經與我對談過的身心科醫生，這麼說道：「有些人不碰智慧型手機就會焦慮，但經常把智慧型手機放在手邊，也會產生壓力。」

有必要那麼急著立刻回覆訊息嗎？只要不是十萬火急的要事，放著幾個小時、幾天再回也無所謂吧！

請提醒自己，要學習降速，放緩回覆速度。

052

別一直沉溺在悲傷裡。

——「一味禪」的禪法——

不要沉溺於情緒當中。

近親好友死去時，必然會感到悲傷，有些人甚至會沉溺在這種傷痛中，遲遲無法重新振作。

這種時候，希望各位好好感受禪宗的一句話——「止於一念」。

當悲傷、痛苦、開心、感動等激烈情感萌生時，把這些情緒看作是「一念」，從生命中割離，接著轉換心情活出新生活。

人一旦少了「止於一念」的時間，在那當下的情緒會不上不下地殘留於心中，你的人生也將會陷在那般情緒中動彈不得。「沉溺悲傷」就是這麼來的。

因此，別想著「在別人面前哭很丟臉」。儘管哭吧！最後你將獲得重新站起的力量。

053

坦然承認「好就是好」。

—— 嫉妒時就這樣告訴自己 ——

坦承自己就是心胸狹窄吧！

人類是善嫉的生物，這種情緒是起源於什麼樣的想法呢？

假設看到自己的男女朋友或心儀對象，跟自己以外的人很要好，會感到嫉妒吧？那是因為，你想「獨占對方」的心態很強烈。

你的對手成就非凡時，你就無法坦然恭喜對方，對吧？那是因為，你有「我比較優秀」的優越感在作祟。

不只是工作，在各種場合也會嫉妒家庭背景、畢業學校、外貌、隨身物品、知識淵博程度、活躍程度、受歡迎程度等評價比你高的人。

當這種嫉妒情緒一旦產生時，坦誠地告訴自己：「嘿，你這個人心胸真狹窄。」

能夠坦然承認「好就是好」，才是心胸寬大的人。勿忘保持公正的目光與寬大的心胸。這都是成就個人魅力的重要因素之一。

054

活得絕對自主。

―― 不受「大家」影響的生存方式 ――

「大家」到底是誰？

小時候想要某個東西時，你是否也會纏著父母說：「因為大家都有啊！」

可是，很少有父母會說：「既然大家都有，我就買給你吧！」畢竟孩子的道行還太淺，父母一聽到這種理由，往往只會反駁：「大家是誰？真的都有嗎？」

不管大人小孩其實都很清楚，「大家，並不是具體的人」。一聽到「大家都這樣」，就以為那代表八、九成人的意見，或許是因為你希望自己能夠跟大家都一樣。

我們不能像這樣，永遠隨著外在的潮流去過「自己的人生」。要試著追求「大家」以外的部分，提醒自己要對人生掌握更多的主導權。

055

嘗試其他的看法。

—— 角度不同,看到的風景也不同 ——

確定不是自己的誤解嗎？

再沒有什麼比「自以為是的誤解」更難解決了。這種人堅信自己的認知,且毫不懷疑,不管誰說什麼都不會改變想法。

至於那個正確,也可能只是部份,一旦換成其他角度,就不見得了。

我們先不討論幾十年、幾百年、幾千年以來都正確的「真理(定律)」。人們在主張「我說的是對的」時,這其實只是某種「價值觀」。當確認自己的正確性之前,有必要先質疑自己。

「換個角度看會是怎樣的呢?」、「還是要堅持自己的想法沒錯嗎?」像這般質疑自己,才能看到不一樣的風景,更有多餘的心力去留意與自己不同的意見和見解。

拋開自以為是的誤解,從不同的面向切入,試著找出「確實正確」的答案吧!

056

改掉老調重彈的毛病。

—— 比起失敗,更可怕的是沒有付出心力 ——

某位禪僧與富商的故事。

在此要來介紹一位擅長繪畫的和尚，曹洞宗禪僧「風外本高」的故事。

禪僧住在大阪一間破爛佛寺的期間，某天，一名富豪找他商量煩惱。正當富豪說明煩心之事時，禪僧卻為了一隻嗡嗡飛的蒼蠅而分心。

這隻蒼蠅想要飛出去卻撞上紙拉門摔落，禪僧本以為牠死了，不久又再度嗡嗡飛起，重新撞上紙拉門。就這樣不停地重複同樣舉動。

和尚對著富翁說：「那隻蒼蠅真可憐，這座佛寺很破舊，到處都是破洞和縫隙，牠卻只飛向紙拉門的同一處，再這樣下去一定會死掉。」
富豪疑惑地反問：「你不專心聽我訴苦，卻在擔心蒼蠅，牠有那麼值得你關注嗎？」
禪僧淡然地說：「我只是想到人類也一樣，老是從同一個角度看事物，所以不管過多久，問題還是無法解決。」

富豪這才頓悟──我的煩惱也跟蒼蠅一樣。

057

充分理解
「每個人皆不同」。

—— 人的價值觀千差萬別 ——

最重點的是，找出妥協點。

不管是長相、體型、能力或個性，一百個人就有一百種樣子，沒有人是一模一樣的。價值觀也是如此，不同人就有不同的認知。

價值觀沒有好壞，也沒有優劣之分，只有深刻的互相尊重。然而，卻有不少人認為自身的觀念才正確，不認同他人的。

這種人還會否定、批判與自己迥異的價值觀，強迫別人接受自己的想法，甚至還會說出：「你不喝酒？你不賭馬、不賭摩托車賽車、不打小鋼珠？這樣活著會開心嗎？」

遇到這種問題時，直接當作沒看見、沒聽見就好。並同時把這種人視為負面教材，時常警惕自己。就算是無法接納的事物，也要學習尊重，誠心聆聽別人說話，這一點很重要。

接納別人的價值觀，再與自己的價值觀相互對照，進一步找出妥協點。

058

別過度期待。

—— 反而更加順利 ——

以「如果運氣夠好就會順利」的心情來面對。

「期待」這個舉動，不管是對於期待者或被期待者來說，都是一種痛苦。

當然期待不是在祈求對方成長或成功，也不全然是壞事，而被期待的人也會更加努力以求符合期望。

因此，我不會要各位不要期待，但「過度」就不好了。期待愈大，當出現的結果不如預想時，打擊也就愈大。「對你的期待那麼深，卻……」，會不自覺想要向對方如此抱怨。

被期待的一方，或許也會因為「過度期待變成壓力，無法如願發揮實力」。適度的冀望能帶來正面能量，反之只會危害身心，多半會帶來負面的影響。

事情本來就不一定朝符合指望的方向發展，抱持「若運氣夠好就會順利」的心情去看待，會比較輕鬆。即使成果不如預期也不至於不滿；超乎預期的話，感受到的快樂就會倍增。

059

聚精會神於眼前的工作。

—— 你就不會注意到其他不必要的事物 ——

重點在於,打造專注的環境。

投入一項工作或任務時,自然就會把其他資訊排除在外。

即使你開著電視工作,在專心投入的同時,並不會轉頭去看或聽到聲音,也不會留意到旁邊有人在說話,甚至有人跟你搭話你也不會注意,更聽不到智慧型手機的來電提示音,

這是因為每條神經都十分專注,沒空理會其他的。換句話說,如果有辦法打造出讓自己如此潛心的環境,就不會對那些可有可無的事情做出反應。

多數的事物即使自己沒有干預,也會水到渠成,因此,暫時放下不管也無妨。當你聚精會神於眼前的事情,時間會過得更充實。

060

別人的苦衷
有九成不關我的事。

—— 找藉口是沒用的 ——

出錯時不變的原則。

人只要一出錯,像是遲到、沒能夠遵守期限、忘了交辦事項等,下意識就會想要找藉口。而為什麼會找藉口呢?就是基於「希望有人懂自己苦衷」的念頭。

從做錯事的人的角度來看,或許認為:「哎,我不是想找藉口,只是在解釋苦衷。」但在被迫聆聽解釋的人看來,那些話都不過是推卸之詞。

無論如何說破了嘴,希望別人理解你的為難,往往只會讓對方更覺得你「只會耍嘴皮子」、「丟人現眼」、「這跟我有什麼關係」。

很遺憾的,一個人的苦衷對於自己以外的大多數人而言,都是事不關己的,因此,他人無法理解接納是很正常。

請記住,特別是犯錯時,與其大費周章地解釋為什麼會出錯,不如誠心誠意說明你接下來要如何處理。

061

別隨波逐流。

—— 堅定說出「不要,謝謝」——

小心「流行」的強迫推銷。

總括社群網站等媒體在內,都會以巧妙的手法包裝流行。

舉例來說,時尚圈每季都會發表「今年的潮流是寬鬆穿著,流行色為藍色,設計走〇〇路線」、「不跟隨流行的人就落伍了」,以及「無論如何都要擁有的單品」等流行情報。

生活風格領域也是如此,經常會看到「更奢華的生活品質」、有統計數字的「退休前兩千萬存款計畫」,甚至是呼應與疫情共存主張的「在家自己動手做料理」等各類型的提案。

這些主打「垂手可得的小奢侈」文案,能夠挑起人們購買的慾望,令人深陷於流行情報之中,不知不覺對每個字句做出反應,任由流行擺佈。換句話說,讓人失去「自我」。

適度跟隨流行是好的,但面對「流行的強迫推銷」,應該要堅定地表示「不要,謝謝」。

第四章

別白忙一場
累壞自己

這樣思考才不會自討苦吃

062

盡量樂觀思考。

—— 使人生活得更容易的練習 ——

別胡思亂想製造不安。

第一次挑戰的事物、來到陌生的土地、見到初次見面的人等，在面對不曾有過的經驗時，任誰都會感到不安。

此外，如果遇到無論如何都無法完成的工作、出錯必須道歉等時候，一旦感受到外在壓力，人也會心慌意亂。因為你老是悲觀看待這些局面，妄想著一定會出現負面結果。

問題是，請各位仔細想想，難道不安的時間夠久，問題就會解決嗎？答案是不會。這時你要告訴自己：「今天終究會結束，雨必會停歇，再討厭的事情一定會過去。」

人類是沒有刻意提醒自己，就會悲觀思考的生物。請把前面那句話當成咒語複誦，找回正向看待事物的從容，接下來只要盡力樂觀思考，就能夠減少不安，讓事情進展更順利。

063

擺脫原地踏步。

—— 最好的方法,就是先行動再說 ——

這樣一來就能「開拓前路」。

每個人都曾經因發生意想不到的事情而陷入驚慌，這種時候腦子多半是一片空白，只剩下「怎麼辦？怎麼辦？怎麼辦？」這個問題在腦海裡不停盤旋。

這個時候，大腦就會停止思考。因此，你需要「強制關機」，來結束這種狀態。

你可以試著命令自己「停止！停止！」或「先回魂！」這樣一來，能夠暫且擺脫「怎麼辦」帶來的「負面迴圈」。

接著，靜下心來思考：「現在，我能做什麼？」、「現下應該做什麼？」再採取行動，你就會看到解決方法。

064

貫徹自己的做事方式。

—— 「不走偏」、「不迷惘」的訣竅 ——

聽太多別人的話會出問題。

聆聽身邊其他人的意見和想法很重要，你可能會得到自己想不到的好點子，或當作工作方式的參考，甚至增加決策的選項等。

然而，有時聽太多也會出問題的。「A告訴我這樣，原來如此」、「B告訴我這樣，的確沒錯」、「C建議這樣做，原來也有那種方式啊」，腦子就會像這樣既迷惘又迷失，進而陷入混亂，弄不清楚自己到底該怎麼做。

為了避免發生這種情況，首先你必須找出自己的想法和做法，也就是「最低限度必須貫徹的原則」。這就是所謂的「自己的做事方式」，也就是自己心中已經存在且絕不動搖的軸心。

你人生的主角，就是你自己。聆聽他人的意見時，如果沒能夠把持住「自己的做事方式」，就應該捫心自問：「這是誰的人生？」

065

扮演好自己的角色。

—— 對別人也有幫助 ——

第四章　別白忙一場累壞自己

舉凡掛名「工作」的事物，都對社會有貢獻。

你或許會突然想到：「我是否對別人有幫助呢？是否或多或少對社會有一點貢獻呢？」尤其是新冠疫情爆發以來，愈來愈多企業配合政府政策而停班，也因此讓不少人困惑，不由得反問自己：「我的工作是否沒有存在的必要？」

其實，舉凡掛名「工作」的所有事物，都會以某種形式對社會產生貢獻，也同樣對其他人有幫助。社會不需要的是 COVID-19 病毒，不是你們，也不是你們的工作。

你難以實際感受到工作的意義，還有另外一個原因——那就是無論是製造業或服務業，都會把工作細分成很複雜的步驟，也因此，難以看出你的工作是以什麼形式產生貢獻。

你只是看不見而已，事實上，工作少了你就無法成立。你只要盡力扮演好自己的角色，做好工作即可。人類天生就是社會化的生物，少了與社會的連結就會活不下去。

066

每天製造小改變。

—— 讓生活更充實的小撇步 ——

當生活沒新鮮感時，可嘗試這樣做。

多年來，反覆做著與蓋印章沒兩樣的工作。「十年如一日」，就是意指生活過得平穩安定。

這樣沒什麼不好，只是太欠缺變化令人感到空虛。尤其當生活「沒了新鮮感，感到無趣」時，更是會這樣。

一旦出現這種心情，可以試著將目光擺在「今天與昨天不同，明天也不會與今天一樣」這個顯而易見的事實上。

其實每個人每天的生活，都存在一些與平常迥然的「全新小體驗」。仔細想想，你並沒有每天都過得完全一樣。三餐幾乎不同，與家人的對話也好、工作內容也罷，每天都存在著「與昨天不同的成分」，只是自己沒有意識到而已。

用心找出與昨天的迥異之處，瑣碎的事情也無妨，這樣一來，就能累積「今天是今天，明天是明天」的小小變化，使每天過得更充實。

067

此時、此地、自己。

―― 「我・現在・在這裡」腳踏實地活著 ――

深刻了解「專注於眼前」這個簡單的真理。

「此時、此地、自己」這句禪語的意思就是，「現在，在這個地方，做自己該做的事」。

我們只能夠活在「此刻這個瞬間」，前一刻的自己已結束，下一刻的自己不能保證能夠活著。我們只能待在「此刻所在的這個地方」，自己能夠做的，只有眼前應該完成的事情。

換句話說，我們的生命，實際上只存在於「現在」。請深刻明白這個簡單的道理，就能夠大幅減少後悔過去、擔憂未來、過度煩惱、迷惘、沉思等的時間。

現下，眼前有必須該執行的事情，請把生命能量注入其中，而這就是「活著」的意義。

068

執著過去的人，
將會失去未來。

—— 成敗都已是過往 ——

工作簡直就像是「生物」。

工作一旦結束,不論成敗,都已經成為過去。

尤其是獲得成功之後,人們往往以為當時的做法就是最完美的方式,因而沉醉在勝利的美酒之中,始終無法忘懷。

於是,他們希望能再做一次美夢,一心一意想著:「只要按照當時的方式再做一次,一定就會成功。」

問題是,工作就跟生物沒兩樣,一切都配合時代、狀況、執行者的資質等,時時刻刻在改變。只想著套用「過去的成功經驗」,就已經註定失敗了。

過去的成功經驗,有時反而會成為現在工作的絆腳石。必須先把一切歸零,認清現況,再思考該採取什麼做法比較適合。

英國前首相邱吉爾曾說過:「執著過去的人,將會失去未來。」這句話說得對極了。

069

工作也無常。

—— 需要隨機應變 ——

佛教告訴我們的工作原則。

佛教主張「森羅萬象」，認為這世上所發生的一切，不會有片刻停留。

工作這種東西，即使看起來一樣，仍然有微妙的差異。既然如此，我們就不能以一視同仁的做法去面對，需要配合狀況仔細應對。

以園藝設計的「基地分析」為例，除了地形之外，還需要從日照條件、土質、持有者的特徵（是公司的院子或自用住宅的院子等）、哪個時段如何使用、當下的心理狀態如何等，用各種的角度去診斷基地，強化優點並弱化缺點。

我的做法是，「按照禪宗哲學與施主的希望進行造景，仔細且深入了解人心與基地條件，建立貫徹個人設計主題的空間」。

這就是與西方「先全部剷平再進行造景」的做法，最大的不同之處。無論任何工作，都需要有這種程度的用心與巧思。

070

別想著還有明天。

—— 今日事就應該今日畢 ——

「懈怠比丘，不期明日」的教誨。

茶道裏千家的茶室，取名為「今日庵」。在距今約360年前，千利休的孫子、第三代家主千宗旦，把現在表千家的茶室「不審庵」交給三男江岑宗左繼承之後，在家宅後方另闢隱居處。

茶室開席招待客人的首日，千宗旦請來自己的禪學師父清嚴和尚，希望他能參觀新茶室，並替茶室命名。但是，約定的時間已過，和尚卻沒有出現，千宗旦不得已只好先出門辦事。

和尚抵達時看到茶室空無一人，又聽見下人說：「家主請師父明天再來。」於是便在紙拉門上寫下一句「懈怠比丘，不期明日」後便離開。

那句話的意思是，「你叫懈怠的我明天過來，但我不確定自己來不來得」。也因為這個插曲，茶室便命名為「今日庵」。

清嚴和尚所要表達的是，「不知道明天的我將會如何，或許會喪命，所以今天該做的事情，就該在今天完成。」凡事都不應該拖到明天。

071

擅長的事情，
更要精益求精。

—— 人的成長起點在這裡 ——

不擅長的事，就交給擅長的人去做。

每個人都有擅長與不擅長的事情。這當中總是有人很努力想要克服自己的不擅長，而且個性愈認真的人，這種念頭似乎愈強烈。

「自己在各方面都應該擁有最強的能力，否則就是不夠優秀」，以這種方式鞭策自己不是壞事，但不擅長就不擅長，又有什麼關係？

不擅長的意思，就是指再怎麼努力，都無法達到太好的成果。擅長的事，花費十分努力就能得到十分的結果；不擅長的事，即使耗費十二分精力，也只會得到八分成果。

擅長就是喜歡，做這件事會帶來快樂，能夠促使自己快速成長；相反地，不擅長就是討厭，所以無法提高幹勁，成長的速度也很緩慢。

既然身為社會人的基本技能都學會了，何不就放手擺脫不擅長的事物呢？

072

別為難自己，
也別為難別人。

—— 理想的組隊方式 ——

每個人負責各自擅長的領域。

公司的業績是動員所有個人的力量創造出來的,比起個人,團隊能夠做出什麼樣的成績更重要。

最理想的狀況是,每個人在自己擅長的領域,發揮一二〇%的實力。

十個人就有十種各自擅長的事物,因此,只要每個人都在自己拿手的領域裡發揮實力,就能夠達到強大的團隊能力,不需要非得找到水準一致、在各方面都很精通的員工。

這種方式的最大好處是,團隊所有人都能發揮所長,將工作做到盡善盡美。不論是自己或其他人,都不會被要求去做不擅長的工作,更不用擔心被趕鴨子上架。

每位員工樂在工作,愉快做出成果,公司也滿意,就能在組織內部建立起好的循環。

073

非關男女。

—— 性別差異也是「每個人都不同」的一種 ——

將大家都當成「人」看待即可。

幾年前,日本有多間醫科大學與醫學院,爆發入學考試不公的醜聞,據說,這些學校故意降低女性與重考生的分數。校方的理由是「女醫師多半會因為結婚或懷孕而離職」、「男醫師一減少,外科和急診的醫師就會不足」等。

根據性別將人區分成男女兩類,並在入學考試給予差別待遇,這樣的做法未免太不可取了。

在大學任教的我,也參與入學招生考試事宜,學校的評分者看不到考生的名字和性別,因此,不會出現「錄取人數男女各半」的情況。不同年度的男女比例不同,考試本該如此。

不只是入學考試這樣,舉凡商業圈等各領域,早已不適用「男女有別」的歧視思考模式,而且人的能力不會因為性別而不同。

性別差異只是「每個人都不同」的一環,這種差異屬於「個性」的一種。評斷能力好壞的標準,不應該是男女,因為大家都是人。

074

學歷高不等於會做事。

—— 重點是發揮才能 ——

光有高學歷不夠，這個社會沒有那麼簡單。

「很會做事」與「學歷」並沒有任何相關性。

事實上，我們寺院的贊助者之中，有人國高中就讀升學名校，卻想早一點進入社會學習工作技能，而放棄升大學。之後進入不動產公司就業發揮才幹，年紀輕輕三十歲就獨立創業。

另外，也有人是工業高中一畢業就進入大型建設公司，亮眼的表現比大學畢業的同事們都要出色，後來當上了社長，成功壯大公司規模。他的口頭禪是「學歷不重要，輸贏看結果」。

過去一般人常認為「只要考上一流大學，就能進入一流企業，成為一流人才」，這種神話早已不復存在。這也表示社會恢復正常了，擁有高學歷，不代表人生就能一帆風順。

現在大學隨時都可以就讀，但各位要記住，除了頂著學歷光環出社會這條路之外，還有另外一條路，就是成為社會人後再以學歷鍍金。

075

晚上不做決策。

—— 早上才是決策的最佳時機 ——

晚上的疲勞與黑暗會鬆懈自制力。

需要「決策」的事情愈重要，愈不應該在身心能量呈現負值的時候進行。

這種時候，想法會傾向悲觀，並做出消極的行動，甚至可能導致事情發展不順利。

再者，黑暗籠罩的夜晚，也是自制力鬆懈的時段，不適合進行重大決策。此時的你不容易控制情緒，也不易找出積極正面的答案。

像這樣的狀態，即使是回覆重要信件都十分危險，也可能埋下問題的因子。

從大自然的規律來看，身心俱疲與夜晚的黑暗，都是為了休息，所以好好睡一覺，補充身心能量吧！

夜晚不要做任何決定，等到早上完全清醒，曬曬太陽準備完畢之後，才是決策最理想時機。

076

別小看自己，
也別高估自己。

—— 別以「我就是這樣的人」劃地自限 ——

拿掉有色眼鏡，不先入為主評判他人。

常言道：「一旦有偏見，看人的目光就會受到影響」。見到初次見面的人時，如果事前做過太多「對方是這種人」等調查，得知過多負面評價或八卦，就會對於對方有根深柢固的印象。

這樣的結果，往往會造成誤判，親手扼殺了與對方熟識的機會。禪宗說：「拿掉有色眼鏡。」就是在說我們必須提醒自己，別以先入為主的偏見評判他人。

「有色眼鏡」不只是出現在觀看他人，有時檢視自己也會不自覺戴上。有些人對自己的分析太寬容，有些人反而是太嚴厲，不管哪一種都是「看待自己的目光」，並不公正。

千萬別未經仔細分析，就定義自己「我就是這種人」，否則你會過度小看自己，或高估自己。

077

遠離惡事。

—— 一切順利時更要謹慎以對 ——

那裡就是地獄的深淵，將嚐到痛苦的滋味。

決定貨幣價值的是黃金。成堆的黃金閃閃發亮，耀眼奪目，也導致我們除了黃金的光芒之外，看不到其他事物。

假如有人在黃金旁邊安排了一個陷阱，會發生什麼的狀況呢？你十之八九會跌進陷阱裡。而那裡就是地獄的深淵，你將嚐到前所未有的痛苦滋味。

比如說，收賄做出違法行為，或聽信賺大錢的詐騙而損失慘重等。商業上會出事，多半都是這種情況，被金錢蒙蔽了雙眼而導致判斷錯誤。

工作順利時容易鬆懈警戒，通常會有許多壞事等著誘惑你上鉤。不管是賄賂或詐騙，「面前的金山」底下必然藏著陷阱，請務必謹慎小心。

078

遠離爭寵。

—— 卑躬屈膝，使你離成功愈來愈遠 ——

**如果變成這樣，
原本能賣掉的商品也會滯銷。**

以銷售為例，只要業界或公司關鍵人物的心情好，就有可能拿到大訂單。而多數公司的業務員也就是看準這點，拚命地想要討好關鍵人物，引發「爭寵大戰」，甚至縱容招待或送錢等違法背德的作為橫行。

假如你身邊也有這種「爭寵大戰」，請現在就立刻棄權，否則即便成功獲得青睞並取得合約，對方之間也只會變成進退兩難的關係。

顧客為尊，你這個賣方為卑，這樣是無法維持正常關係。而且背後還涉及違法行為，難保不會受到社會制裁。假如商品真的夠好、夠有魅力，根本不需討好關鍵人物也能夠賣掉。

買賣雙方原本就應該處於對等立場，一旦賣方卑微，原本可以售出的商品也可能會賣不出去。

079

選項要再過濾。

—— 別受不相干人士「臨時想到的意見」影響 ——

決定「就這樣做」時的規則。

有時為了盡量多聽一些人的意見，你會召集公司內外許多人進行腦力激盪。點子愈多，選項也愈多，有機會提昇工作品質。

這是好事，卻有一個很大的問題，就是決策者有時會在「成堆的點子」中迷失、猶豫不決、斟酌再三，最後無法做出決定。

尤其是「不相干人士」天外飛來的不負責意見，若決策者一一都聽進去的話，更加無法找出答案。某種程度來說，來自公司外的點子收集完成後，必須在某個階段排除外部人士參與決策，而那個時間點十分重要。

這類腦力激盪的會議，只能在初期階段進行，等到要做出「最後決定」時，只需要讓精通相關問題的少數精英去討論即可。

080

保護自己遠離「競爭疲勞」。

—— 有時撤退才是最好的做法 ——

必要時，不妨乾脆「退賽」。

現在的上班族也經歷過升學之戰，所有人都面對過激烈的競爭。

你或許有「我想在工作上有一番成績」、「希望能升官，取得工作主導權」、「我想在公司和社會上有很高的成就」等願望吧！

有抱負很好，但太過執著於「爭勝」，便會造成過度努力，進而讓身心感到疲憊。

特別是競爭對手太強，或是設定的目標太高等場合，要繼續戰下去實在很吃力。於是，便有「三十六計，走為上策」這個說法。

停止尋找各種策略，先撤退再說。把戰鬥的能量用來提昇水準，直到自己擁有與對手相等的戰鬥實力，才是聰明的做法。此外，有時乾脆退出比賽，補充戰鬥消耗的能量，也很重要。

081

提高前瞻力。

—— 委託與接受工作時的規則 ——

時間和工作量絕對要明確。

在工作上,你請別人幫忙時,必須明確告知對方,除了工作內容之外,還有工作量,以及大約所需時間等。你若是很想說服別人幫忙,而對這些內情隱匿不報,只會造成彼此困擾。

比方說,你想請別人幫忙:「這只是很簡單的工作,你一定不到兩個小時就能做完。」等到對方答應後才發覺,其實這工作出乎意料地難搞,必須多花一倍時間處理。對方原本是因為「兩個小時就能做完」才同意協助,這下子可傷腦筋,而且這種情況經常發生。

相反地,答應幫忙的人也必須明確指出,願意幫到什麼程度?例如:「下午三點之前我可以幫忙,但在那之後我跟客戶有約。而且這個工作量我似乎做不完,最好再多找一、兩人。」

向人求助的時候也是一樣,若是希望工作進行順利,你需要有這樣的「前瞻力」。

第五章

別硬是要分出是非對錯

活出快意人生的祕訣

082

人生並沒有幸與不幸。

—— 接納原本的樣子 ——

心靈平靜度過每一天的智慧。

誕生的生命，終將死去；開始的事物，終究會結束。這是不變的道理。

發生問題時，就算你手忙腳亂奮力掙扎，也沒有哪條命不會死，或是哪件事不會結束，好事、壞事更不會無止境地延續。這個理所當然的道理，稱為「諸行無常」。

各位要隨時銘記於心，就不會因為持續發生的好事而得意忘形，也不會因不斷遇上壞事而低潮沮喪；這樣心靈、人生才會得以平穩安定。

人生沒有幸與不幸，不管發生什麼事，都要接納它呈現的樣子。這麼一來，你才有可能過著悅樂安穩的生活。

當遇到擾亂心靈的事情時，就在心中告訴自己：「諸行無常，諸行無常，人世間瞬息萬變，凡事走到最後，終究會結束。」

083

事物不分善惡。

—— 一切端看自己怎麼想 ——

不管發生什麼事，日日是好日。

禪宗裡，沒有把事物分出是非對錯的觀念。因此，不管發生什麼事，原本就不存在「好」與「壞」。

「不思善惡」，這句禪語的意思是「停止思考善惡」、「拋開二分法的想法」。

禪宗的想法是，「現下，我已感受到此刻才能體驗的經驗，這個經驗本身沒有好壞之分，會根據今後的行為和努力成為助力。」

事實上，即使經歷過難受、痛苦、悲傷，事後回想起來，也多半會覺得「現在想想，那些都是寶貴的經驗」。

不管發生什麼事，都別手忙腳亂，所有經驗都將成為日後成長的糧食。這種情況在禪語稱為，「日日是好日」。

只要抱持這種想法，就能夠得到夢想中「每天都是好日子」的人生。

084

自己的選擇，
全部都正確。

―― 剩下的就等花開 ――

「如何實踐」比「選擇什麼」更重要。

人生就是由一連串「不試試不會知道」所組成的，在行動之前，就算你煩惱「這樣做好嗎？還是那樣做比較好？哪個選項才是正確答案？」幾乎是沒有實質意義。

原因在於，「正確答案不是只有一個」。

英國數學家兼詩人，也是《愛麗絲夢遊仙境》的作者路易斯・卡羅（Lewis Carroll）曾說：「既然不知道要往哪兒去，不論選擇哪一條路都沒有太大的差別。」

簡言之，煩惱「正確答案是哪個」沒有意義，選擇哪個選項都一樣，只要盡力讓選出的選項呈現好結果即可。

這樣一來，心情會輕鬆許多，也不再迷惘，只剩下決定「我要這樣做」，以及想想要如何走向對的方向，這樣好的結果就會隨之而來。

085

別理會「外野的聲音」。

—— 不管是誰說什麼，都別放在心上 ——

如何對付愛放馬後砲的人？

職棒總教練必須負責球隊的策略，需要看顧球賽的發展與對手採取的布局，不斷做出決策。再加上，球評和球迷經常對球隊的一切，做出放馬後砲的指責，不難想見總教練的身心有多疲憊。

最辛苦的是，明明有很多種變通方式，卻只能選擇其中一種；如果選錯，人往往會後悔「早知道應該那樣做」。每個選擇不一定都會成功，或許有時還會陷入「一定會成功的妄想」。

其實，沒有必要去理會「外野的聲音」。就像日本職棒巨人隊的原辰德總教練經常說的：「那是那個場面最理想的策略。」

人生也一樣，負責自己人生策略布局的是自己，就算不順利，也不是策略錯誤。這只是結果論，失敗的經驗可以運用在往後的新挑戰。

請把每個策略布局，都視為「那個時間點最適合的選擇」吧！

後悔只是妄想。

—— 對未來的不安也只是胡想 ——

乾脆忘掉，徹底放手。

你是否總是在後悔已經發生過的事情？
你是否老是在擔憂往後，時時刻刻都在煩惱？
這兩種行為實在毫無意義。

如果煩惱就能夠讓過去消失、能夠讓往後無憂，那麼，請盡情地煩惱吧！然而，事實並非如此。

對過去的悔恨、未來的不安，都是抽象的想法；換言之，就是「妄想」。假如你受到這些束縛而動彈不得，未免太過愚蠢了。

禪宗說：「莫妄想。」意思是捨除妄想。

我們能夠做的，就是把過去的失敗經驗當作成長的糧食，只專注在此刻眼前該做的事，聚精會神於當下，就能無暇後悔和不安。

總之，採取行動，趕跑沒有任何幫助的妄想吧！

087

失敗不過是小擦傷。

—— 你該起身逆轉了 ——

第五章　別硬是要分出是非對錯

做很多工作的人，是經歷許多失敗的人。

沒有人不曾失敗；應該說，做很多工作的人就會經歷許多失敗。失敗是走向下次成功的過程，因此，不值得為此沮喪。

古時候的日本武士一旦失敗，就會被要求切腹。但在現今社會，就算要為失敗負責，也頂多是扣薪水、降職、解僱等，不至於賠上一條命，所以可以把它視為小擦傷。

不管失敗會遭到什麼樣的處分，都要以「重頭來過」的心情去面對，試著找出過程中失敗的原因。仔細審視後，重新站起來宣示：「好，接下來才是重頭戲，我要逆轉結局！」

人來到世上原本就孑然一身，就算失敗會讓你失去許多，也只是歸零而已。從零出發的可能性是無限大，任何狀況都會使人強大，足以讓人說出：「我沒有什麼好失去的。」

以赴死的決心盡力而為，就是面對失敗最理想的態度。

088

孜孜不倦的累積。

—— 對成果的焦慮,將使你遠離目標 ——

「抄近路」的陷阱。

千里之行,始於足下。
羅馬不是一天造成。
積沙成塔。
愚公移山。

這些話的意思都是指,就算是規模龐大的事業,也是由孜孜不倦的工作一點一滴累積而成。換句話說,也就是「沒有什麼事情是無須耗費心力就能一蹴可幾的」。

現代社會特別講求「合理化」、「效率化」,熱衷於抄近路,縮短抵達終點的過程。

如果抄近路能成功也就算了,多數場合反而變成「繞遠路」,偷雞不著蝕把米。

只要你對成果感到焦慮,記得提醒自己「孜孜不倦的累積」。

089

夢想不能「拿在手裡」，要「掛在高處」。

—— 設定目標的最佳祕訣 ——

重點是,看清楚腳下。

有夢有目標,是很重要的。夢想和目標的大小,會因為每個人的感受、力量、立場而不同。

無論如何,最重要的只有一點,就算那個夢想、目標對自己而言十分遙遠,也應該要「掛在高處」,而不是「拿在手裡」。

當想要懷抱太過遠大的夢想和目標前進時,會感覺很沉重,有時無法前進,甚至會被壓垮。

可以試想看看,若將夢想或目標掛在遠方的高處,情況會如何?夢想和目標會成為路標,你不但能夠輕鬆許多,前進的腳步也能更輕快。這麼一來,還有可能提早接近終點。

前進的同時,也別忘了偶而檢查最重要的雙腳,在此刻邁出「穩健踏實的一步」,正輕盈愉悅地向前行。

090

忙碌時，更需要喘口氣。

―― 就算只是發呆也可以 ――

懂得適度休息，才是能幹的人。

大部分的人工作都很認真，甚至對「休息」有強烈的罪惡感。事實上，有很多人即使身體不適也仍然堅持去上班。

就是因為這樣，在新冠疫情剛開始蔓延時，政府才會出面大聲疾呼：「即使身體感覺有一點不適也別勉強，請在家休息！」

然而，這也提醒了我們，每天工作都有個關鍵的重點——那就是工作進行到某個程度，就要休息一下，回頭看看已經完成的部份，呼吸新鮮的空氣。如此可以消除疲勞，甚至帶來意想不到的正面刺激，這稱之為「樓梯平台效應」。

其實，不需要請假，只要在工作空檔花幾分鐘凝視著窗外景色發呆，或上屋頂及高樓層仰望天空，俯瞰人間的喧囂就好。

忙碌時，請務必做到這件事，就能夠獲得「樓梯平台效應」的滿滿能量。

091

正常人並不存在。

—— 十個人有十種反應,這是與人往來的前提 ——

從「共鳴」切入的溝通方式。

不曉得為什麼人會習慣認為自己的想法「很正常」？對比這種「正常」，與自己想法迥異的人，就會被貼上「不正常」的標籤而予以否定。

這世上並不存在與自己想法完全相同的人，十個人就會有十種反應；「正常」的概念，其實一點也不正常。

在這個前提下，當對方的言論中出現你認為「不對」的內容時，請記得別立即反駁，先把話聽到最後，並試著找出覺得有共鳴的部份，然後告訴對方：「我對這部分也有類似的想法，不過其他部分，我有不同的見解……。」

從這個「共鳴」切入，溝通就能夠順利進行。我們也要銘記於心，「這世上不存在與自己一樣的人，有不同看法是理所當然的。」

贏了也沒資格
打壓對方。

—— 太過火將會換來報復 ——

恨之入骨的下場。

「做還是不做」的爭論，始終無法停歇。

在地理大發現時代之後，歐洲人征服亞洲、南美洲、非洲等，並把這些地方當成殖民地，直到現在仍在為利益鬥爭不休。

企業之間也以「併購」的方式進行征服，而人與人之間也有「強欺弱」的霸凌行為。

無論是前述哪種情況，將對手打壓到體無完膚，總有一天會吃到苦頭，這是世間的常理。就算是不得不參與的競爭，勝利的一方強迫輸的一方接受自己的文化與價值觀，用這種征服方式，也是最糟糕的做法。

請站在相反的立場試想，對自己來說，最重要的文化與價值觀被奪走時，應該足以令人恨之入骨吧？輸的一方會把「被征服的怨恨」化為能量，再度開啟新戰爭。

093

消除戰爭的火種。

—— 把敵人變成朋友的方法 ——

向知名經營者學習「聰明戰勝法」。

企業之間的併購與業務合作,主要目的是補強彼此的弱點,合力將戰力提升到兩倍,甚至是三、四、五倍。

在這種時候,冒出「併購方」、「被併購方」的概念,就會使情況變得複雜,公司內部往往充斥著「被併購的公司要遵循併購方的做法」之氣氛。

這樣的情況對雙方都不好,既然有緣成為同一企業的夥伴,就應該尊重彼此的企業文化,相互磨合出適合的思考模式與做法,找出最理想的策略,這才是原本該有的樣子。

京瓷創辦人稻盛和夫曾做過幾次併購,幾乎都是為了拯救瀕臨破產危機的公司,而且他會敞開胸懷與加入集團的公司員工談話,培養以心相連的團結意識。

把敵人當成朋友,不要敵視,這種觀念很重要。

094

「正論」無法說服人。

—— 尚方寶劍並不管用 ——

正論在某些場合是完全派不上用場。

你是否也有過這種經驗？討論時，只要一提出所謂的正論，往往就會使對方不愉快。在聽完對方的主張，你就立即想反駁。為何會這樣呢？

正論終究只是一般論，也就是一般大眾認為「正確的觀念」，有時並不適用於複雜的社會或是商業場合。

考量到這點，最好別把正論當成尚方寶劍，動不動就拿出來。欽差大臣拿出尚方寶劍能夠服眾，你拿出正論只會引起反彈。

「從你的立場來看，要這樣想很困難吧？」你需要的是，像這樣告訴對方「自己能理解」，同時繼續進行對話。如此一來，對方也更容易說出真心話，這樣才有機會找到解決問題之路。

095

退一步海闊天空。

—— 雄辯的人都是這麼做 ——

第五章　別硬是要分出是非對錯

最壞的結果，就是談判破裂。

辯論時，人人都在陳述自己認為正確的事，也就是「正論對正論的相互碰撞」。

只要換個立場就會發現，想要用正論迫使對方臣服根本毫無效率。假使遇到雙方都不肯讓步的狀況，繼續討論只有等待談判破裂。

儘管有時也需要那樣的氣勢，但大多數場合，都有機會找到妥協點。辯論或討論的目的，就是讓每個人提出自己的主張，並找出雙贏方式。

在這個時候，要記住「退後一步」。比方說，「在這一點上，我們會讓步，但是這裡我們堅決不讓，你們可以考慮看看嗎？」用這種方式談判，能保住對方的面子，我們也傳達了自己的想法。

或許不是很容易，不過，想要提昇辯論效率，建議盡量多採用這種方式。

096

人本來無一物。

—— 錢乃身外之物,無法帶到那個世界 ——

第五章　別硬是要分出是非對錯

錢要為後世人而賺。

錢這種東西，賺得愈多愈想要。不只是金錢如此，物慾也一樣沒有盡頭。

多數人認為，「只要賺得夠多，什麼都能買，還能盡情奢侈享樂，再沒什麼比這樣更幸福了。」但像這樣只為自己賺錢，不覺得空虛嗎？

不論你賺多少錢，都只是身外之物，無法帶往極樂世界。禪語說：「本來無一物。」我們人是孑然一身來到這世界，死的時候，也同樣是孑然一身離開。

因此，賺錢的目的，要不要加上一句「為了後世的人」？這麼一來，你就能夠按照「讓身邊的人開心＝幸福」的目標而活。

當快死時，若留下很多錢，只要寫下遺言說要捐出去，就能夠幫到其他人，更能擺脫空虛。

097

自己的使命要問自己。

—— 然後盡全力生活 ——

人生的每個時刻，都有自己該做的事。

每個人都是帶著老天爺賦予的使命，誕生於這個世界，那是你必須在現世完成的「個人任務」。

那麼，知道自己身負什麼樣的使命嗎？你或許會說：「不知道，不清楚。」

就算不知道也沒關係，我認為比起「知道自己的使命是什麼」，反問自己「我的使命是什麼？」的人生比較重要。

在自問自答的過程中，你會漸漸認清自己在每個時刻應盡的任務，並竭盡全力去完成。

假如有什麼事是你會努力做到忘我的，不要懷疑，那就是老天爺給你的使命。

098

活得自由自在。

—— 保持柔軟、謙虛,並且做自己 ——

禪宗的教誨——柔軟心。

自己的人生要活得像自己，只要掌握兩大重點。

第一，禪宗說要具有「柔軟心」，就是沒有固定形狀、像雲朵般的心。意思是，凡事都不會以「必須這樣」、「必須那樣」等方式思考，而是配合對方的狀況，自由自在地變更。這種自由程度，才能夠讓你發揮本事「做自己」。

第二是「謙虛」，換句話說，就是去執行做得到的事、擅長的事，並對社會有貢獻。

若強迫自己去做辦不到或不擅長的事，可以解釋為不了解自己的能力範圍，顯得既傲慢又不像自己。以謙虛的心貫徹自己熟習的事物，這樣才能真正地做自己。

懷抱「柔軟心」、「謙虛」活著，才有辦法懂得「放下」，且不過度勉強自己。試著把這個當成武器，就會得到「最能夠展現真我的生活方式」。

099

盡人事。

—— 然後,聽天命 ——

第五章　別硬是要分出是非對錯

「放下力」的精髓，就是實現這句話。

「凡事盡力而為」。你不用擔心能否得到好結果，不必擔心上司和市場的評價，也沒有多餘的情緒干擾，只要一心一意將自己所擁有的力量，全力投入其中即可。

「盡人事」就是這麼一回事。盡量付出自己所能付出的、做自己所能做的，當解決掉眼前問題之後，接下來，就是放著不管。

放下，然後等待天命到來，也就是交給老天爺去布局。

換句話說，自己能夠做的只有盡人事，結果如何發展，不是自己能決定的。因此，事情完結後，就不用再去操心。

別在面對一件事之前，就先擔心結果和評價，內心浮躁只會妨礙自身的專注力。「盡人事，聽天命」，這句話其實令人心情舒暢。

別對每件事都有反應【2025暢銷特典版】
淡泊一點也無妨，活出快意人生的99個禪練習！

作　　者｜枡野俊明 Shunmyo Masuno
譯　　者｜黃薇嬪 Weipyn Huang

責任編輯｜許世璇 Kylie Hsu
責任行銷｜朱韻淑 Vina Ju
封面裝幀｜Dinner Illustration
版面構成｜黃靖芳 Jing Huang
校　　對｜葉怡慧 Carol Yeh

發 行 人｜林隆奮 Frank Lin
社　　長｜蘇國林 Green Su

總 編 輯｜葉怡慧 Carol Yeh
日文主編｜許世璇 Kylie Hsu
行銷經理｜朱韻淑 Vina Ju
業務處長｜吳宗庭 Tim Wu
業務專員｜鍾依娟 Irina Chung
業務秘書｜陳曉琪 Angel Chen
　　　　　莊皓雯 Gia Chuang

發行公司｜悅知文化 精誠資訊股份有限公司
地　　址｜105台北市松山區復興北路99號12樓
專　　線｜(02) 2719-8811
傳　　真｜(02) 2719-7980
網　　址｜http://www.delightpress.com.tw
客服信箱｜cs@delightpress.com.tw
ＩＳＢＮ｜4711510763342
初版一刷｜2023年01月
初版37刷｜2025年02月
建議售價｜新台幣330元

本書若有缺頁、破損或裝訂錯誤，請寄回更換
Printed in Taiwan

國家圖書館出版品預行編目資料

別對每件事都有反應／枡野俊明著；黃薇嬪譯. -- 初版. -- 臺北市：精誠資訊股份有限公司, 2023.01
224面；12×19公分
ISBN 4711510763342 (平裝)
1.CST: 人生哲學

191.9　　　　　　　　　111020996

建議分類｜人文社科・人生哲學

著作權聲明

本書之封面、內文、編排等著作權或其他智慧財產權均歸精誠資訊股份有限公司所有或授權精誠資訊股份有限公司為合法之權利使用人，未經書面授權同意，不得以任何形式轉載、複製、引用於任何平面或電子網路。

商標聲明

書中所引用之商標及產品名稱分屬於其原合法註冊公司所有，使用者未取得書面許可，不得以任何形式予以變更、重製、出版、轉載、散佈或傳播，違者依法追究責任。

版權所有　翻印必究

SHIGOTO MO NINGENKANKEI MO UMAKU IKU HOUTTEOKU CHIKARA
by Shunmyo Masuno
Copyright © Shunmyo Masuno, 2021
All rights reserved.
Original Japanese edition published by
Mikasa-Shobo Publishers Co., Ltd.
This Complex Chinese language edition is
published by arrangement with
Mikasa-Shobo Publishers Co., Ltd., Tokyo
in care of Tuttle-Mori Agency, Inc., Tokyo,
through Future View Technology Ltd., Taipei.

線上讀者問卷 TAKE OUR ONLINE READER SURVEY

工作與人際關係，
淡泊一點也無妨！

———————《別對每件事都有反應》

請拿出手機掃描以下QRcode或輸入
以下網址，即可連結讀者問卷。
關於這本書的任何閱讀心得或建議，
歡迎與我們分享 :)

https://bit.ly/3ioQ55B